BRONZES

ANCIENS & MODERNES

Sculptures

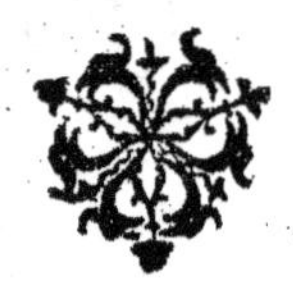

BRONZES

ANCIENS ET MODERNES

Sculptures

CONDITIONS DE LA VENTE

Elle sera faite au comptant.

Les adjudicataires paieront *dix pour cent* en sus des enchères.

L'exposition mettant le public à même de se rendre compte de l'état de conservation des objets, il ne sera admis aucune réclamation une fois l'adjudication prononcée.

Paris. — Imp. Georges Petit. — 22849-13.

CATALOGUE

DES

BRONZES

DES

XVIe, XVIIe, XVIIIe siècles

ET AUTRES

Bronzes de Barye, Cain, Mène, etc.

SCULPTURES

OBJETS DIVERS

DONT LA VENTE AURA LIEU A PARIS

HOTEL DROUOT, SALLE N° 8

Le Jeudi 20 Février 1913

à 2 heures

COMMISSAIRE-PRISEUR

Me F. LAIR-DUBREUIL, rue Favart, 6

EXPERTS

M. GEORGES PETIT	**MM. MANNHEIM**
8, rue de Sèze, 8	7, rue Saint-Georges, 7

EXPOSITION PUBLIQUE

Le Mercredi 19 Février 1913, de 1 heure 1/2 à 6 heures.

DÉSIGNATION

Bronzes de Barye, Cain, Mène, etc.

BARYE

1 — *Jaguar dévorant un agouti.*
Patine médaille.

> Haut., 7 cent.; larg.. 22 cent. 1.2.

350

BARYE

2 — *Cerf de Virginie s'élançant.*
Patine verte.

> Haut., 52 cent. 1/2 : larg., 47 cent.

155

BARYE

3 — *Ours dénichant un hibou.*
Bronze patine verte.

> Haut., 19 cent. ; larg., 15 cent

105

BARYE

4 — *Tigre au gavial.*
Réduction n° 1. — Bronze patine verte.

> Haut., 19 cent. 1/2; larg.. 51 cent.

520

BARYE

5 — *Cavalier arabe donnant la chasse à un sanglier.*
Bronze patine verte.

> Haut.. 26 cent.; larg., 34 cent.

605

BARYE

6 — *Faon se grattant.*
Bronze patine verte.

Haut., 7 cent.; larg., 15 cent.

CAIN

7 — *Lion et lionne se disputant un sanglier.*
Bronze patine brune.

Haut., 38 cent.; larg., 60 cent.

CAIN

8 — *Combat de coqs.*
Bronze patine brune.

Haut., 35 cent.; larg., 35 cent.

CAIN

9 — *Ours assis.*
Bronze.

Haut., 18 cent.

CLESINGER

10 — *Taureau de la campagne romaine.*
Bronze patine médaille.

Haut., 16 cent.; larg., 16 cent.

DALOU

11 — *Un Ouvrier.*
Figure faisant partie du monument aux travailleurs.
Bronze fondu à cire perdue. Signé.

Haut., 58 cent.

DALOU

12 — *Terrassier.*
Bronze patine brune.

Haut., 14 cent.

DALOU

13 — *Portrait de la fille de l'artiste, Georgette Dalou, en 1876.*

Buste en bronze.

Haut., 34 cent.

DALOU

14 — *Femme portant un fardeau.*

Bronze patine brune.

Haut., 13 cent.

DAVID D'ANGERS

15 — *Portrait.*

Médaillon.
Bronze signé.

Diam., 17 cent.

FRATIN

16 — *Panthère et gazelle.*

Bronze patine médaille.

Haut., 12 cent.; larg., 26 cent.

FRATIN

17 — *Course d'obstacles.*

Bronze patine médaille.

Haut.. 30 cent.; larg., 39 cent.

FRATIN

18 — *Chasse au sanglier.*

Bronze patine verte.

Haut., 16 cent.; larg., 27 cent.

FRATIN

19 — *Chasse au cerf.*

Bronze patine médaille.

Haut., 35 cent.; larg., 65 cent.

FRATIN

110

20 — *Chien couché.*

Bronze patine médaille.

Haut., 14 cent. 1/2 ; larg., 42 cent.

FRATIN

21 — *Cheval.*

Bronze patine médaille.

Haut., 11 cent.; larg., 10 cent.

FRATIN

22 — *Panthère et gazelle.*

Bronze patine verte.

Haut., 15 cent.; larg , 29 cent.

FRATIN

213

23 — *Lion et sanglier.*

Bronze patine médaille.

Haut., 28 cent.; larg., 47 cent.

FRÉMIET

200

24 — *Jeune faune jouant avec des oursons.*
Bronze patine brune.

Haut., 15 cent.: larg., 30 cent.

FRÉMIET

14

25 — *Duelliste.*
Bronze.

Haut., 33 cent.; larg., 10 cent. 1/2.

MÈNE (P.-J.)

600

26 — *Chasse au cerf.*
Bronze patine médaille.

Haut., 28 cent.; larg., 42 cent.

MÈNE (P.-J.)

27 — *Groupe de deux chevaux.*
Bronze patine médaille.

Haut , 33 cent ; larg., 53 cent.

MÈNE (P.-J.)

28 — *Deux levrettes.*
Bronze patine médaille.

Haut., 15 cent.; larg., 21 cent.

MÈNE (P.-J.)

29 — *Cheval à la barrière.*
« Djinn, étalon barbe. »
Bronze patine médaille.

Haut., 29 cent.; larg., 40 cent.

MÈNE (P.-J.)

30 — *Chien.*
Bronze patine médaille.

Haut., 8 cent.; larg., 12 cent. 1/2.

MÈNE (P.-J.)

31 — *Chien d'arrêt.*
Bronze patine médaille.

Haut., 7 cent.; larg., 14 cent.

MÈNE (P.-J.)

32 — *Lièvre mort.*
Bas-relief.
Bronze patine brune.

MÈNE (P.-J.)

33 — *Écureuil.*
Bronze patine médaille.

Haut., 6 cent.; larg., 5 cent. 1/2.

MÈNE (P.-J.)

34 — *Chienne de chasse.*
Bronze patine médaille.

Haut., 23 cent.; larg., 30 cent.

196

MÈNE (P.-J.)

35 — *Petit cheval à la barrière.*
Bronze patine médaille.

Haut., 6 cent. 1/2; larg., 9 cent.

MÈNE (P.-J.)

36 — *Épagneul.*
Bronze patine médaille.

Panneau. Haut., 11 cent.; larg., 20 cent.

160

MÈNE (P.-J.)

37 — *Ibrahim.*
Bronze patine médaille.

Haut., 20 cent.; larg., 22 cent.

102

MÈNE (P.-J.)

38 — *Braque en arrêt.*
Bronze patine médaille.

Haut., 4 cent.; larg., 10 cent.

MÈNE (P.-J.)

39 — *Deux canards.*
Bronze patine médaille.

Haut., 8 cent.; larg., 11 cent.

110

MÈNE (P.-J.)

40 — *Petit cerf marchant.*
Bronze patine médaille.

Haut., 6 cent.; larg., 8 cent.

MÈNE (P.-J.)

41 — *Cheval arabe.*
Bronze patine médaille.

Haut., 20 cent.; larg., 22 cent.

MÈNE (P.-J.)

42 — *Cheval à la barrière.*
Bronze patine médaille.

Haut., 20 cent.; larg., 26 cent.

MÈNE (P.-J.)

43 — *Petit cheval au trot.*
Bronze patine médaille.

Haut., 5 cent.; larg., 9 cent.

MÈNE (P.-J.)

44 — *Épagneul.*
Bronze patine médaille.

Haut., 7 cent. 1/2; larg., 14 cent.

MÈNE (P.-J.)

45 — *Faisan mort.*
Bas-relief bronze, patine brune.

MÈNE (P.-J.)

46 — *Cheval arabe.*
Bronze patine médaille.

Haut., 17 cent.; larg., 21 cent.

MÈNE (P.-J.)

47 — *Cheval debout.*
Bronze patiné.

Haut., 35 cent.

MÈNE (P.-J.)

160

48 — *Chien de chasse.*

Bronze patiné.

Haut., 15 cent.

MÈNE (P.-J.)

49 — *Chien de chasse.*

Bronze patiné.

Haut., 15 cent.

MÈNE (Attribué à P.-J.)

50 — *Lionne prête à s'élancer.*

Bronze patine brune.

Haut., 12 cent.; larg., 29 cent.

Bronzes Italiens et autres

500

51 — PIÈCE D'ENFILAGE en forme de vase, en bronze patiné, décor de têtes de chérubins et feuillages. Venise, xvıe siècle.

Haut., 15 cent.

1.800

52 — STATUETTE en bronze patiné : Vénus nue, debout, sortant du bain, d'après Jean de Bologne. xvıe siècle. Base en bronze doré.

Hauteur de la statuette., 34 cent.

180

53 — PLAQUETTE en bronze patiné, présentant un cortège triomphal. Au fond, une ville. xvıe siècle.

Haut., 11 cent.; larg., 13 cent.

1300

54 — TROIS STATUETTES en bronze doré : ange déchu et deux démons chassés du ciel. Travail italien du xvıe siècle. Socles en bois noir.

Haut., 23 cent. et 19 cent.

55 — **Statuette** en bronze patiné : amour, nu, debout. attribuée à Ammanati. Italie, xvie siècle.

Haut., 53 cent.

56 — **Statuette** en bronze patiné, représentant une Muse debout, amplement drapée. xviie siècle.

Haut., 35 cent.

57 — **Statuette** en bronze patiné : gladiateur combattant. d'après l'antique. Ancien travail italien.

Haut., 24 cent.

58 — **Statuette** en bronze patiné : danseuse nue, debout. Un bras manque. Ancien travail italien. Socle en marbre.

Haut., 16 cent.

59 — **Crabe** en bronze patiné, formant boîte. Ancien travail italien.

Larg., 17 cent.

60 — **Statuette** en bronze patiné : Mercure nu, assis sur un rocher. Commencement du xixe siècle.

Haut., 11 cent.

61 — **Petit vase** en bronze patiné, sur trois pieds têtes de chevaux. Italie, xvie siècle.

Haut., 7 cent.

62 — **Deux statuettes** en bronze patiné : guerriers debout, de style antique, tenant chacun un bouclier du bras gauche. Italie. xvie siècle. Socle en marbre rouge griotte.

Haut., 26 cent.

63 — **Encrier** avec couvercle, orné de figurines et de guirlandes. Bronze patiné. Italie, xvie siècle.

Haut., 20 cent.

64 — **Figurine** en bronze : guerrier de style antique, debout. Italie, xvie siècle.

Haut., 8 cent.

65 — **Statuette** en bronze patiné : femme debout, drapée à l'antique. Italie, xvie siècle. Base en marbre portor.

Haut., 19 cent.

250 —

66 — STATUETTE en bronze patiné : guerrier de style antique debout. Venise, XVIe siècle.

Haut., 25 cent.

67 — DEUX PETITS BUSTES-APPLIQUES en bronze patiné, enguirlandés de pampres. Époque Louis XIII.

Haut., 12 cent.

68 — FIGURINE en bronze doré : Diane debout. XVIIe siècle. Base en marbre.

Haut., 12 cent.

69 — PLAQUETTE en bronze : l'Adoration des mages. Ancien travail italien.

Haut., 10 cent.

70 — FIGURINE de personnage barbu, nu, debout. Ancien travail italien. Base en marbre jaune et noir.

Haut., 12 cent.

71 — FIGURINE de femme nue, debout, en bronze. Ancien travail italien. Base en marbre jaune.

Haut., 13 cent.

120 —

72 — GROUPE en bronze : la Flagellation. Ancien travail italien. Base en bois noir.

Haut., 24 cent.

12 —

73 — STATUETTE en bronze patiné : Hercule debout, s'appuyant sur un tronc d'arbre. Ancien travail italien.

Haut., 30 cent.

10 —

74 — CHEVAL cabré, en bronze patiné. Ancien travail italien. Socle en marbre.

Haut., 16 cent.

75 — STATUETTE d'homme nu debout, les bras étendus. Ancien travail italien.

Haut., 14 cent.

76 — FIGURINE de personnage barbu, nu, étendu. Ancien travail italien.

Haut., 10 cent.

77 — STATUETTE en bronze : Hercule, nu, debout, tenant
la massue. Ancien travail italien.

Haut., 25 cent.

78 — DEUX PETITS BUSTES, en bronze patiné, de person-
nages portant la perruque. Fin du xviiie siècle. Bases
en marbre.

Hauteur totale, 22 cent.

79 — GROUPE en bronze patiné : Enlèvement de Déjanire.
Fin du xviiie siècle. Base en marbre.

Haut., 39 cent.

80 — FIGURINE en bronze patiné : Vénus, nue, debout,
sortant du bain, d'après Jean de Bologne. Travail
italien. Base en serpentine.

Haut., 13 cent,

81 — DEUX GROUPES en bronze patiné : Enlèvement d'Eu-
rope et Enlèvement de Déjanire.

Haut., 20 et 22 cent.

82 — DEUX FIGURINES de femmes debout, se tenant le
pied. Bronze. D'après l'antique.

Haut., 17 cent.

83 — STATUETTE, en bronze, de personnage nimbé,
debout.

Haut., 16 cent.

84 — STATUETTE, en bronze patiné, de personnage nu,
barbu, étendu, le bras gauche levé. Travail italien.

Haut., 17 cent.

85 — DEUX STATUETTES-APPLIQUES en bronze patiné, représentant saint Luc et saint Marc.

Haut., 39 cent.

86 — STATUETTE de personnage debout, tenant un car-
touche armorié. Socle en marbre.

Haut., 38 cent.

87 — STATUETTE, en bronze patiné, de personnage presque
nu, une draperie sur les épaules.

Haut., 18 cent.

420 88 — STATUETTE en bronze patiné : baigneuse nue, accroupie, s'essuyant le sein. Base en marbre.

Haut., 23 cent.

89 — FIGURINE de personnage nu, debout, tenant un miroir. Bronze de travail italien. Base en marbre.

Haut., 14 cent.

90 — FIGURINE de personnage barbu, nu, debout. Travail italien. Base en marbre.

Haut., 9 cent.

91 — STATUETTE de baigneuse, debout auprès d'un vase. Travail italien.

Haut., 19 cent.

92 — STATUETTE de Jupiter en bronze patiné. Base en marbre jaune.

Haut., 16 cent.

250 93 — LAMPE de style antique, ornée d'une figure de néréide en bronze.

Haut., 17 cent.

130 94 — DEUX FLAMBEAUX en bronze patiné, mascarons et guirlandes. Travail italien.

Haut., 13 cent.

95 — STATUETTE en bronze : enfant, nu, assis, tenant un compas. Base en marbre.

Haut., 18 cent.

140 96 — PETIT GROUPE de deux tritons sur une tortue, portant une coquille. Bronze.

Haut., 16 cent.

400 97 — GROUPE en bronze patiné : Hercule et Lycas, d'après Canova. Travail italien.

Haut. 43 cent.

40 98 — TAUREAU passant, en bronze patiné, d'après l'antique.

Haut., 21 cent.

99 — STATUETTE en bronze patiné : Léda et le cygne.

Haut., 17 cent.

100 — TAUREAU furieux, en bronze. Base en marbre vert antique.

Long., 17 cent.

101 — STATUETTE-APPLIQUE en bronze : femme debout, drapée, le bras droit soulevant le voile qui recouvre sa tête.

Haut., 19 cent.

102 — GROUPE en bronze : les Lutteurs, d'après l'antique. Base en marbre.

Haut, 13 cent.

103 — STATUETTE en bronze : Hercule nu, debout, tenant la massue.

Haut., 37 cent.

104 — STATUETTE en bronze : Hercule nu, debout, brandissant sa massue.

Haut., 45 cent.

105 — STATUETTE en bronze : patine verte : personnage assis, tenant une coquille ouverte.

Haut., 32 cent.

106 — CRATÈRE DE BACCHUS, bronze patiné, d'après l'antique. Base en bronze.

Haut., 41 cent.

107 — GROUPE, en bronze patiné, de deux lutteurs japonais.

Haut., 40 cent.

108 — PRESSE-PAPIER formé d'une main en bronze, sur base en marbre.

Long., 13 cent.

109 — PIÈCE DE SURTOUT en bronze doré, munie de bras de lumières.

Haut., 58 cent.

Objets divers, Sculptures

220   110 — Patène en cuivre doré, ornée d'une figure de Vierge, xvᵉ siècle.

Diam., 20 cent.

480   111 — Horloge de table en forme de petit monument à quatre faces, en bronze gravé et doré. Fin du xvɪᵉ siècle.

Haut., 24 cent.

112 — Calice en cuivre gravé avec traces de dorure. xvɪɪᵉ siècle.

Haut., 24 cent.

320   113 — Crosse en cuivre, à décor de feuillages avec nœud architectural.

Haut., 35 cent.

175   114 — Statuette de sainte Valérie, en cuivre doré et émail champlevé.

Haut., 29 cent.

800   115 — Deux statuettes d'apôtres debout, en cuivre repoussé, sur une âme de bois. Base en marbre.

Haut , 60 cent.

190   116 — Deux statuettes en marbre blanc : Flore et Pomone debout. Travail italien.

Haut., 67 cent.

117 — Statuette en buis : Saint Sébastien debout, lié à l'arbre. xvɪɪᵉ siècle.

Haut., 22 cent.

230   118 — Feuille d'éventail, à sujet galant, du temps de Louis XV.

Larg., 50 cent.

660   119 — Pendule sur socle-applique, en marqueterie de cuivre sur écaille, garnie de bronzes. Cadran signé : *Thuret.* Époque Louis XIV.

Haut., 60 cent.

130   120 — Douze petits bustes-appliques en biscuit de Sèvres, représentant Henri IV, Louis XIV, Louis XVI, etc. Dans deux cadres.

Hauteur d'un cadre, 12 cent.

121 — PLAQUE en faïence italienne, à reflets métalliques : char de triomphe.

        Haut., 18 cent.; larg., 24 cent.

122 — STATUETTE en alun : la Frileuse, debout. Signée : *Houdon.*

        Haut., 75 cent.

123 — BUSTE à double face, en marbre blanc. Travail antique.

        Haut., 30 cent.

124 — BAS-RELIEF en marbre blanc : jeune femme debout auprès d'un vieillard assis. XVIIIᵉ siècle.

        Haut., 18 cent.

125 — DEUX PETITS BAS-RELIEFS en marbre blanc : amours tenant, l'un une aiguière, l'autre un oiseau. XVIIIᵉ siècle. Encadrés.

        Haut., 13 cent : larg., 15 cent.

126 — STATUETTE en marbre tendre blanc : Voltaire assis sur un tertre et s'appuyant sur sa canne. Fin du XVIIIᵉ siècle. Base en bois noir.

        Haut., 20 cent.

127 — BUSTE grandeur nature, en marbre blanc : Apollon, d'après l'antique.

        Haut., 73 cent.

128 — STATUETTE, en marbre blanc, de jeune femme lisant.

        Haut., 43 cent.

129 — STATUETTE, en marbre blanc, de jeune femme à demi-nue, assise sur un tertre.

        Haut., 34 cent.

130 — STATUETTE, en terre cuite, de personnage accroupi portant un rocher.

        Haut., 22 cent.

131 — BUSTE en terre cuite, grandeur nature, de jeune femme, les cheveux bouclés.

        Haut., 78 cent.

132 — STATUETTE en terre cuite : néréide sur un dauphin. Signée : *Feuchère, 1844.*

        Haut., 19 cent.